BEI GRIN MACHT SICH IHR WISSEN BEZAHLT

AF140721

- Wir veröffentlichen Ihre Hausarbeit,
  Bachelor- und Masterarbeit

- Ihr eigenes eBook und Buch -
  weltweit in allen wichtigen Shops

- Verdienen Sie an jedem Verkauf

Jetzt bei www.GRIN.com hochladen und kostenlos publizieren

GRIN

Bibliografische Information der Deutschen Nationalbibliothek:

Die Deutsche Bibliothek verzeichnet diese Publikation in der Deutschen National-
bibliografie; detaillierte bibliografische Daten sind im Internet über http://dnb.d-
nb.de/ abrufbar.

Impressum:

Copyright © 2017 GRIN Verlag
Druck und Bindung: Books on Demand GmbH, Norderstedt Germany
ISBN: 9783668865693

Dieses Buch bei GRIN:

https://www.grin.com/document/452540

Sebastian Boden

Trainingslehre 2. Diagnose, Zielsetzung, Prognose, Trainingsplanung Mesozyklus

GRIN Verlag

GRIN - Your knowledge has value

Der GRIN Verlag publiziert seit 1998 wissenschaftliche Arbeiten von Studenten, Hochschullehrern und anderen Akademikern als eBook und gedrucktes Buch. Die Verlagswebsite www.grin.com ist die ideale Plattform zur Veröffentlichung von Hausarbeiten, Abschlussarbeiten, wissenschaftlichen Aufsätzen, Dissertationen und Fachbüchern.

Besuchen Sie uns im Internet:

http://www.grin.com/

http://www.facebook.com/grincom

http://www.twitter.com/grin_com

Deutsche Hochschule für
Prävention und Gesundheitsmanagement
Hermann Neuberger Sportschule 3
66123 Saarbrücken

Einsendeaufgabe

Fachmodul:	Trainingslehre II
Studiengang:	BFÖ
Datum **Präsenzphase:**	06. – 08.06.2017
Name, Vorname:	Boden, Sebastian
Studienort:	**Stuttgart**
Semester:	**SS2016**

Inhaltsverzeichnis

1 Teilaufgabe 1 - Diagnose

1.1 Allgemeine und biometrische Daten

In den folgenden Tabellen (Tab. 1-2) werden alle allgemeinen und biometrischen Daten der Testperson aufgezeigt, die ich durch ein Eingangsgespräch mit der Testperson erhalten habe.

1.1.1 Allgemeine Daten

Tab. 1 Allgemeine Daten der Testperson

Alter	24 Jahre
Geschlecht	Männlich
Körpergröße	1,78m
Körpergewicht	85,0kg
Trainingsmotiv	Gewichtsreduktion
Berufliche Tätigkeit	Mechatroniker, der auf Montage körperlich hart arbeitet
Frühere sportliche Aktivitäten	Leichtathletik (zwischen 6-14 Jahren) und im Fußball (zwischen 6-16 Jahren)
Aktuelle sportliche Aktivitäten	Seit 5 Jahren Krafttraining 4-5x pro Woche
Zeitlicher Verfügungsrahmen	Bis zu 3x pro Woche, maximal 60 Minuten pro Trainingseinheit (reine Trainingszeit)
Leistungsstufe	Anfänger, da er seit 5 Jahren zwar trainiert, dies aber ausschließlich im Krafttraining
Allgemeiner Gesundheitszustand	Laut dem ärztlichen Check-Up, den mir die Testperson mir vorgelegt hat, liegen keine gesundheitlichen Probleme vor; Testperson ist voll belastbar

1.1.2 Biometrische Daten

Tab. 2 Biometrische Daten der Testperson

	Testwerte	Normwerte	Bewertung der Testwerte
Blutdruck	129/84mmHg	Normaler Blutdruck (systolisch zwischen 120-129 und diastolisch zwischen 80-84mmHg) (vgl. Croci (2017))	Der Blutdruck der Testperson liegt im normalen Bereich und ist deshalb unbedenklich
Ruhepuls	62	Die Normwerte der WHO liegen bei Erwachsenen zwischen 60-80 Schlägen pro Minute	Der Ruhepuls liegt mit 62 Schlägen pro Minute innerhalb der Normwerte der WHO
Körperfettanteil (KFA)	18,2%	Die Normwerte liegen zwischen 8-20%	Mit einem KFA von 18,2% liegt die Testperson innerhalb der Normwerte
Body-Mass-Index (BMI)	26,8	Übergewicht (26-30 BMI)	Die Testperson liegt mit einem BMI von 26,8 im übergewichtigen Bereich

1.2 Leistungsdiagnostik/ Ausdauertestung

Um die Ausdauerleistungsfähigkeit meiner Testperson auf dem Fahrradergometer zu beurteilen, habe ich mich für die Verwendung des Hollmann-Venrath-Tests entschieden. Grund für diese Auswahl besteht zum einen in den Daten, die ich von meiner Testperson erhalten habe. Anhand dieser geht hervor, dass es sich um einen normal leistungsfähigen Mann handelt, der meiner Meinung nach in der Lage ist, 150 Watt auf dem Fahrradergometer zu treten. Ein weiterer Grund liegt in der Tatsache, dass die Belastung jederzeit reproduzierbar und exakt dosierbar ist. Es besteht hier nur eine geringe Gefahr von orthopädischen Fehlbelastungen, sowie geringe koordinative Anforderungen an die Testperson. Darüber hinaus hat meine Testperson bisher keinen Ausdauersport trainiert.

Die Voreinstufung nach Ruheherzfrequenz und Lebensalter (vgl. DHfPG, 2017, S. 68) ergibt folgendes Ergebnis:

Meine Testperson hat ein(e) individuelle(s) Zielherzfrequenz/Abbruchkriterium am Fahrradergometer von 156 Schlägen pro Minuten. Dies lässt durch die Differenz der Pulsobergrenze von 180 und dem Lebensalter der Testperson errechnen (vgl. DHfPG, 2017, S. 75). Es wird auch keine Erhöhung stattfinden, da die Testperson bisher kein Ausdauertraining betrieben hat (vgl. DHfPG, 2017, S. 69).

1.2.1 Testverlauf Fahrradergometer

In der folgenden Tabelle (Tab. 3) wird der ausgeführte H&V-Test dargestellt.

Tab. 3 Ausgeführter Hollmann-Venrath-(H&V) Test mit der Testperson

Watt	Dauer in Minuten	Herzfrequenz
		67 (Start Herzfrequenz/Hf)
30 Watt	3min.	75 Hf
70 Watt	6min.	92 Hf
110 Watt	9min.	110 Hf
150 Watt	12min.	126 Hf
190 Watt	15min.	140 Hf
230 Watt	15:25min. (Abbruch bei 15:25)	160 Hf (Abbruch, da die Zielherzfrequenz von 156 Hf erreicht wurde)

Durch die Testung des H&V-Test mittels Fahrradergometer, erzielte die Testperson einen Wert von 2,71 ($\frac{230\,Watt}{85\,kg}$). Dieser liegt laut Normtabelle (IPN) im guten Bereich (Intensität zwischen 0,63 und 0,64) (vgl. DHfPG, 2017, S. 76).

1.3 Gesundheits- und Leistungsstatus der Person

Mithilfe des ärztlichen Check-Ups, den mir meine Testperson vorgelegt hat, konnte ich sehen, dass sie körperlich keine Probleme aufweist und lediglich der BMI erhöht ist. Darüber hinaus hat meine Testperson normale Blutdruckwerte. Anhand des Fahrradergometertests konnte ich ebenfalls entnehmen, dass meine Testperson hier gut abgeschnitten hat und ich in der Annahme, er könne 150 Watt treten, richtig lag.

2 Teilaufgabe 2 – Zielsetzung/ Prognose

In der folgenden Tabelle (Tab.4) wird die Zielsetzung/ Prognose der Testperson beschrieben. Tab. 5 beschreibt die Begründung, weshalb diese Ziele ausgewählt wurden.

Tab. 4 Ziele der Testperson

Inhalt	Ausmaß	Zeit
Gewichtsreduktion/ Senkung BMI	5kg/ 25,2 BMI	3 Monate
Blutdrucksenkung	Systolisch um 5-10 mmHg und diastolisch um 3-5 mmHg	2 Monate
Leistungssteigerung des H&V-Tests	1 weitere Watt-Stufe	4 Monate

Tab. 5 Begründung der Ziele

Ziele	Begründung
Gewichtsreduktion/ Senkung BMI	Das Ziel der Testperson liegt darin, Gewicht zu verlieren. Aus diesem Grund kombiniere ich die Gewichtsreduktion mit der Senkung des BMI's. Da der aktueller BMI der Testperson bei 26,8 liegt, ist er laut BMI Wert übergewichtig ist. Folglich reduzieren wir das Gewicht um 5kg, um den BMI auf 25,2 zu senken, wodurch mein Kunde auch laut BMI nicht übergewichtig ist.
Blutdrucksenkung	Der Blutdruckwert liegt mit 129/84 mmHg zwar im Normalbereich, jedoch noch nicht im Optimal-Bereich. Durch die Senkung des Blutdrucks soll die Testperson ihre Blutdruckwerte nochmal verbessern.
Leistungssteigerung H&V-Test	Die Testperson hat die letzte Stufe (230 Watt) nicht komplett ausfahren können (Abbruch bei 15:25, aufgrund der erreichten Zielherzfrequenz). Die Leistungssteigerung soll dadurch bewirken, dass er die sechste Stufe (230 Watt) komplett durchfahren kann, ohne dass die Zielherzfrequenz erreicht wird.

3   Teilaufgabe 3 – Trainingsplanung Mesozyklus

3.1 Grobplanung Mesozyklus

In der Tabelle 6 wird die Grobplanung des 6-wöchigen Mesozyklus beschrieben.

Tab. 6 Grobplanung Mesozyklus

Mesozyklus	Woche 1	Woche 2	Woche 3	Woche 4	Woche 5	Woche 6
Trainingsziel-setzung	Ent-wicklung & Erhalt GA 1	Ent-wicklung GA 2	Ent-wicklung GA 2	Ent-wicklung GA 2	Ent-wicklung GA 2	Stabilisie-rung GA2
Wöchentlicher Gesamtumfang in min/h	135 min.	145 min.	157 min.	165 min.	175 min.	~167 min.
Trainingshäu-figkeit pro Wo-che	3x	3x	3x	3x	3x	3x
Trainings-dauer	45 min.	45-50 min.	50-55 min.	55 min.	55-60 min.	~ 47-60 min.
Belastungs-intensität(en)	60-75% Hf_{max}	50-85% Hf_{max}	50-85% Hf_{max}	60-85% Hf_{max}	60-85% Hf_{max}	50-90% Hf_{max}
Trainings-me-thode/n	Exten-sive DM	Intensive DM, Rekom, Variable DM	Intensive DM, Rekom, Variable DM	Intensive DM, Exten-sive DM, Variable DM	Intensive DM, Exten-sive DM, Variable DM	Extensive DM, Rekom, Extensive IM
Trainings-ge-räte	Fahrrad-ergo-me-ter, Cross-trainer, Laufband	Fahrrad-ergo-me-ter, Cross-trainer, Laufband	Fahrrad-ergo-me-ter, Cross-trainer, Laufband	Fahrrad-ergo-me-ter, Cross-trainer, Laufband	Fahrrad-ergo-me-ter, Cross-trainer, Laufband	Fahrrad-ergo-me-ter, Crosstrai-ner, Lauf-band

3.2 Detailplanung Mesozyklus

Tabelle 7 zeigt die detaillierte Planung des sechswöchigen Mesozyklus von Woche zu Woche. Im Folgenden wird die Hf_{max} wird beim Crosstrainer und beim Laufband mit der Formel 220-Lebensalter (LA) berechnet, wodurch sich ein Wert von 196 ergibt. Beim Fahrradergometer dagegen errechnet sich die Hf_{max} durch die Differenz von 200-LA. Der daraus resultierende Wert beträgt 176.

Tab. 7 Detailplanung Mesozyklus

Woche 1	Montag	Mittwoch	Samstag
Trainingsziel	Ausbau GA 1	Ausbau GA 1	Ausbau GA 1
Trainingsmethode	Extensive DM	Extensive DM	Extensive DM
Trainingsintensität	60-75% Hf_{max}	60-75% Hf_{max}	60-75% Hf_{max}
Konkrete Trainings- herzfrequenz	zwischen 106-132	zwischen 116-147	zwischen 116-147
Trainingsdauer	45 min.	45 min.	45 min.
Trainingsgerät	Fahrradergometer	Crosstrainer	Laufband
Woche 2	Montag	Mittwoch	Samstag
Trainingsziel	Entwicklung GA 2	Entwicklung GA 2	Entwicklung GA 2
Trainingsmethode	Intensive DM	Rekom	Variable DM (5min:10min.)
Trainingsintensität	75-85% Hf_{max}	50-60% Hf_{max}	70-85% Hf_{max}
Konkrete Trainings- herzfrequenz	zwischen 132-150	zwischen 98-116	zwischen 138-167
Trainingsdauer	45 min.	50 min.	50 min.
Trainingsgerät	Fahrradergometer	Crosstrainer	Laufband
Woche 3	Montag	Mittwoch	Samstag
Trainingsziel	Entwicklung GA 2	Entwicklung GA 2	Entwicklung GA 2
Trainingsmethode	Intensive DM	Rekom	Variable DM (5min:8min.)
Trainingsintensität	75-85% Hf_{max}	50-60% Hf_{max}	70-85% Hf_{max}
Konkrete Trainings- herzfrequenz	zwischen 132-150	zwischen 98-116	zwischen 138-167
Trainingsdauer	50 min.	55 min.	52 min.

Trainingsgerät	Fahrradergometer	Crosstrainer	Laufband
Woche 4	Montag	Mittwoch	Samstag
Trainingsziel	Entwicklung GA 2	Entwicklung GA 2	Entwicklung GA 2
Trainingsmethode	Intensive DM	Extensive DM	Variable DM (5min:6min.)
Trainingsintensität	75-85% Hf_{max}	60-70% Hf_{max}	70-85% Hf_{max}
Konkrete Trainings- herzfrequenz	zwischen 132-150	zwischen 116-138	zwischen 138-167
Trainingsdauer	55 min.	55 min.	55 min.
Trainingsgerät	Fahrradergometer	Crosstrainer	Laufband
Woche 5	Montag	Mittwoch	Samstag
Trainingsziel	Entwicklung GA 2	Entwicklung GA 2	Entwicklung GA 2
Trainingsmethode	Intensive DM	Extensive DM	Variable DM (5min:5min.)
Trainingsintensität	75-85% Hf_{max}	60-70% Hf_{max}	70-85% Hf_{max}
Konkrete Trainings- herzfrequenz	zwischen 132-150	zwischen 116-138	zwischen 138-167
Trainingsdauer	55 min.	60 min.	60 min.
Trainingsgerät	Fahrradergometer	Crosstrainer	Laufband
Woche 6	Montag	Mittwoch	Samstag
Trainingsziel	Stabilisierung GA 2	Stabilisierung GA 2	Stabilisierung GA 2
Trainingsmethode	Extensive DM	Extensive IV (10x2min + max. 9x3min Pause)	Rekom
Trainingsintensität	60-70% Hf_{max}	80-90% Hf_{max}	50-60% Hf_{max}
Konkrete Trainings- herzfrequenz	zwischen 106-123	zwischen 157-176	zwischen 98-116
Trainingsdauer	60 min.	~ 47 min.	60 min.
Trainingsgerät	Fahrradergometer	Laufband	Crosstrainer

3.3 Begründung zum Mesozyklus

In der nachfolgenden Tabelle (Tab. 8) wird neben dem angestrebten wöchentlichen Belastungsumfang, die ausgewählte Trainingsmethode, die Belastungsprogression, die angesteuerten Trainingsbereiche, sowie die ausgewählten Ausdauergeräte/ Belastungsformen begründet.

Tab. 8 Begründungen zum Mesozyklus

	Begründung
Angestrebter wöchentlicher Belastungsumfang	Der wöchentliche Belastungsumfang ist auf 135-175 Minuten, basierend auf dem zeitlichen Verfügungsrahmen der Testperson, ausgerichtet. Dieser umfasst 3 Trainingseinheiten wöchentlich, zu je max. 60 Minuten Training. Aus diesem Grund trainiert die Testperson im Mesozyklus auch drei Mal pro Woche und die Zeit ist individuell an die Wochen angepasst. Die Mindestzeit beträgt 45 Minuten und keine Trainingseinheit überschreitet dabei die Vorgabe der Testperson von 60 Minuten Training. Die Testperson trainiert somit im Bereich der Langzeitausdauer, welche über 30 Minuten andauert (vgl. Höltke (2003), S.21). Das Ausdauertraining allgemein trägt im Bereich der Gesundheitsprävention erheblich zur Gesundheitserhaltung bei (vgl. Neumann, Pfützner, & Berbalk (2011), S. 25). Durch die Auswahl des Langzeitausdauer, werden deshalb eine Vielzahl an positiven Anpassungseffekten einzelner Organe hervorgehoben. Diese umschließen beispielsweise das Herz, das Blut, sowie die hormonelle Regulation (vgl. Neumann, Pfützner, & Berbalk (2011), S. 26) An erster Stelle der gesundheitsfördernden Wirkungen steht das Herz-Kreislauf-System. Durch die Anpassung des Herzens an das Training, findet eine Ökonomisierung der Herzarbeit statt und somit die Bildung eines Sportlerherzens. Des Weiteren wird das Blut dünnflüssiger und die Gefahr zur Thrombose sinkt. Auch die Ausschüttung von Adrenalin nimmt sowohl in Ruhe, als auch in Belastung ab.

Ausgewählte Trainingsmethoden	Im Mesozyklus stehen der Ausbau der GA 1 und die Entwicklung und Stabilisierung der GA 2 im Vordergrund.
	Die **extensive DM** trägt primär zur Verbesserung der Grundlagenausdauer bei (vgl. Höltke (2003), S.25). Diese habe ich aus mehreren positiven Gründen ausgewählt. Zum einen erfolgt eine Ökonomisierung der Herz-Kreislauf-Arbeit, sowie eine verbesserte periphere Durchblutung und eine verbesserte Fettverbrennung (vgl. Friedrich (2007), S. 97). Daneben wird der aerobe Stoffwechsel erweitert und es kommt zu einer Absenkung der Ruhe-Herzfrequenz. Des Weiteren stärkt die extensive Dauermethode auch das Immunsystem.
	Die **intensive DM** definiert sich durch ihre höhere Intensität (vgl. Höltke (2003), S.25). Bei meiner Testperson trägt sie zur Entwicklung des Herz-Kreislauf-Systems, sowie einer verbesserten Blutversorgung (Kapillarisierung) in der Skelettmuskulatur bei. Während die extensive DM hauptsächlich Effekte im gesundheitspositiven Bereich hervorruft, sind diese in der intensiven DM geringer. Auch die Effekte auf den Stoffwechsel werden weniger.
	Bei der **variablen DM** finden im Gegensatz zu den obigen Methoden breitere, aber nicht so deutlich ausgeprägte, Anpassungseffekte statt. Neben der verbesserten Kompensation von Laktat, verbessert sich auch die Umstellung von aerober auf anaerober Bereitstellung von Energie et vice versa.
	Eine **Rekom**-Einheit oder auch Kompensationstraining genannt, dient als regenerationsfördernde Maßnahme nach intensiven Trainingseinheiten und unterstützt damit die Erholung des Sportlers (vgl. Friedrich (2007), S. 108). Die Belastungsintensität sollte dabei möglichst gering gehalten werden.
	Die **extensive Intervallmethode** vereint eine mittlere Intensität mit einem hohen Umfang (vgl. Lazik (2008), S. 28). Ich habe sie ausgewählt, da hierbei der gemischte aerob-anaerobe Stoffwechsel unter Glykogenausnutzung verbessert wird.

	Zudem findet eine Entwicklung des Herz-Kreislaufsystems statt und die Kapillarisierung verbessert sich. Darüber hinaus dient die Trainingseinheit als Power/ Intensiv Einheit für meine Testperson. Die Pausen bei der extensiven Intervallmethode betragen 2-3 Minuten (vgl. Olivier, Marschall, & Büsch (2016), S. 162).
Belastungsprogression & angesteuerte Trainingsbereiche	Im Verlauf von Woche 1 auf Woche 2 wird das Trainingsziel von „Ausbau GA 1" auf „Entwicklung GA 2" geändert. Hier werden von der Testperson ein höherer Krafteinsatz, sowie eine höhere Anstrengung gefordert. Des Weiteren wird die Trainingsintensität an zwei Tagen gesteigert und gleichermaßen eine andere Trainingsmethode durchgeführt. Gleichzeitig wird die Intensität an einem Tag in der zweiten Woche gesenkt, da die Testperson im Vergleich zur ersten Woche an zwei Tagen eine hohe Intensität aufweist und der Testperson damit ein Tag zur Regeneration (Rekom) ermöglicht werden soll. Auch die Trainingsdauer wird an zwei von drei Tagen erhöht. Von Woche 2 auf Woche 3 steigert sich die Trainingsdauer an allen drei Tagen. Am dritten Tag wird weiterhin die Trainingsintensität erhöht, da die Zeit der niedrigen Intensität von 10 auf 8 Minuten verringert wird. Dadurch soll der Trainingsanpassungseffekt verbessert werden. In Woche 4 wird auf die Rekom-Einheit verzichtet, um eine extensive Dauermethode durchzuführen. Dadurch steigern sich die Trainingsintensität, sowie die Trainingsherzfrequenz. Des Weiteren wird die Trainingsdauer in der intensiven, sowie in der variablen DM erhöht. Bei der variablen Dauermethode bildet das Herabsetzen der niedrigen Intensität von 8 auf 6 Minuten den Grund für die Erhöhung der Trainingsdauer, sowie der Intensität. Von Woche 4 zu Woche 5 ändert sich die Trainingsdauer bei der extensiven DM, sowie bei der variablen DM. Hier wird wieder die Zeit der niedrigen Intensität von 6 auf 5 Minuten gesenkt, wodurch sich ein 1:1 Verhältnis von hoher Intensität zu niedriger Intensität ergibt. In der sechsten Woche ändert sich das Trainingsziel von „Entwicklung GA 2" auf „Stabilisierung

	GA 2". Aus diesem Grund werden in der sechsten Woche die Trainingsmethoden an allen drei Tagen neu angepasst. Die intensive DM wird zur extensiven DM; die extensive DM verändert sich zur extensiven IV und die variable DM weicht der Rekom-Einheit. Um die Trainingsintensität extrem zu steigern, wurde die extensive IV eingesetzt. Die Rekom, sowie die extensive DM wurden dabei gewählt, um der Testperson nach einer „intensiven" IV eine Regeneration zu verschaffen. Auch die Trainingsdauer wird angepasst, da die extensive IV auf 47 Minuten ausgelegt und die Intensität gleichzeitig hochgesetzt wird.
Ausgewählte Ausdauergeräte/ Belastungsformen	Die Ausdauergeräte Fahrradergometer, Crosstrainer und Laufband habe ich ausgewählt, da sich diese Ausdauergeräte sehr gut kombinieren lassen. Zum einen hat es den Vorteil, dass das Ausdauertraining nicht eintönig wird (bei drei Trainingseinheiten pro Woche) und zum anderen, dass sich durch hohe körperliche Belastungen (Laufband) aufgrund der dynamischen Muskelarbeit und der hohen Muskelbeteiligung Anpassungseffekte an die körperlichen Organsysteme erzielen lassen. Die Gesamtbelastung beim Joggen auf dem Laufband ist deutlich höher, als die beim Fahrradergometer oder Cross-trainer. Grund dafür stellt die Einfachheit der Bewegungstech-nik bei diesen Ausdauergeräten im Gegensatz zum Joggen auf dem Laufband dar, da die Bewegungsabläufe relativ leicht und schnell zu erlernen sind. Insbesondere für übergewichtige Personen ist aus orthopädischer Sicht das Radfahren oder das Laufen auf dem Crosstrainer besser geeignet (vgl. Friedrich (2007), S. 206).

4 Teilaufgabe 4 – Literaturrecherche

Die folgende Tabelle (Tab. 9) zeigt die Literaturrecherche

Tab. 9 Literaturrecherche zweier Studien im Vergleich

Studie 1	Studie 2
Titel der Studie	
„Die Effekte eines kontrollierten, ange-leiteten Ausdauertrainings bei Asthma-Patienten – Eine klinische Interventions-studie"	„Funktionelle Effekte unterschiedlicher Trainingsformen bei Patienten mit COPD"
Wer hat die Studie durchgeführt?	
Kristian Matthias Jöllenbeck Institut für Bewegungs- und Arbeitsmedizin des Universitätsklinikums der Alber-Ludwigs-Universität Freiburg i. Br.	G. Würtemberger, K. Bastian Abteilung für Innere Medizin/Pneumologie, Reha-Zentrum Reichshof, Reichshof-Ecken-hagen
In welchem Jahr wurde die Studie publiziert?	
2016	2001
Mit welchen Versuchspersonen wurde die Studie durchgeführt?	
An der 13-monatigen Studie, welche von April 2011 bis Mai 2012 durchgeführt wurde, nahmen, nach diversen Voruntersuchungen, 20 Probanden teil (vgl. Jöllenbeck (2016), S. 47). Dabei wurden mehrere Einschlusskriterien festgelegt. • Kriterien zur Auswahl stellten dabei bei 10 Personen das Vorhan-densein von „mildem oder mode-ratem Asthma bronchiale" (Jöllenbeck (2016), S. 48) dar. Die	Die verwendete Studie, wurde in dem Erhebungszeitraum von Januar 1999 bis Juni 2000 durchgeführt (vgl. G. Würtemberger (2001), S. 554). Daran teil nahmen insge-samt 69 Patienten, darunter 44 Männer und 25 Frauen), die unter „mittel-bis schwer-gra-diger chronisch obstruktiver Atemwegs-er-krankungen" (G. Würtemberger (2001), S. 554) (COPD) leiden und schon bei geringer Belastungsintensität über Atemnot klagen.

anderen 10 Personen sollten zur Kontrolle gesund sein. ▪ Das Alter sollte dabei zwischen 20-50 Jahren liegen. ▪ Der BMI ($^{kg}/_{m^2}$) musste zwischen 20 und 30 liegen. ▪ Eine medikamentöse Therapie musste dabei vor mindestens sechs Monaten begonnen haben. Des Weiteren wurde eine klinische Stabilität vorausgesetzt.	

Wie sah der Versuchsaufbau der Studie aus?

Die Probanden wurden dann jeweils zur Hälfte in zwei Gruppen (Asthma- und Kontrollgruppe) eingeteilt (vgl. Jöllenbeck (2016), S. 4). Um die Ergebnisse zu überprüfen, mussten sowohl eine Vor- als auch eine Nachuntersuchung stattfinden. Durch die Studie sollten neben den Effekten eines Ausdauertrainings, Möglichkeiten evaluiert werden, die zur Therapie von Asthma bronchiale beitragen können (vgl. Jöllenbeck (2016), S. 52). Vor Beginn des Ausdauertrainings mussten diverse Untersuchungen stattfinden, um die Leistungsfähigkeit zu evaluieren und einen Trainingsplan zu erstellen (vgl. Jöllenbeck (2016), S. 70). Darüber hinaus wurden durch spezielle Methoden die Messung der Herzfrequenz, sowie die Bestimmung des Laktatwertes vorgenommen (vgl. Jöllenbeck (2016), S. 69 f.). Als	Die Patienten wurden für die Durchführung beliebig in die drei verschiedenen Trainingsprogramme Ausdauertraining, Krafttraining, sowie einer Kombination aus Ausdauer- und Krafttraining eingeteilt, die jeweils drei Wochen andauern (vgl. Würtemberger; Bastian (2001), S. 554). Dabei wurde ohne Sauerstoffgabe trainiert (vgl. Würtemberger; Bastian (2001), S. 553). Personen, die einen niedrigen Sauerstoffgehalt im arteriellen Blut aufweisen, trainierten mit Sauerstoffgabe. Im Folgenden wird lediglich auf das Ausdauertraining eingegangen, da dies in der Aufgabenstellung gefordert ist. Um die Ergebnisse zu überprüfen, wurde neben einer Eingangs- und Abschlussuntersuchung, eine Lungenfunktions-untersuchung, (vgl. Würtemberger; Bastian (2001), S.554) „Blutgasanalysen, ein 6-Minuten-Gehstreckentest sowie ein Test

favorisierte Trainingsmethode zur Überprüfung der Leistungsdiagnostik im Ausdauertraining wurde die Laufband Ergometrie eingesetzt. Dabei erhielt jeder Proband einen Trainingsplan mit festen Laufbandprotokollen (vgl. Jöllenbeck (2016), S. 67). Gemessen wurde dabei das Ausmaß der Erschöpfung durch die Verwendung der Borg-Skale, die dessen Grad numerisch erfasst (vgl. Jöllenbeck (2016), S. 55). Das 12-wöchige Ausdauertraining umfasste eine Steigerung der Intensitäten zu Beginn von 55%, über 65% zu 75%, welche bei allen Probanden die maximal erreichte Laufgeschwindigkeit darstellte (vgl. Jöllenbeck (2016), S. 61 f.). Nach Abschluss des Ausdauertrainings fanden dann dieselben Untersuchungen, wie vor Beginn des Trainings statt, um die erzielten Werte zu evaluieren.

alltagsnaher Fertigkeit vor und nach Abschluss des Trainingsprogramms durchgeführt."
(Würtemberger; Bastian (2001), S.554)
Die Gruppe des Ausdauertrainings absolvierte des Weiteren einen auf die Symptome eingeschränkten Ergometertest vor Beginn und nach Beendung des Trainingsprogramms (vgl. Würtemberger; Bastian (2001), S.554).
Das Ausdauertraining wurde dann, bei submaximaler Belastung, auf dem Fahrradergometer, mit den ermittelten 70% des Hf_{max}, durchgeführt.
Nach Abschluss fanden dann (wie bei der alternativen Studie) zur Evaluation dieselben Untersuchungen, wie bereits vor Beginn des Trainings statt.

Welche relevanten Ergebnisse und Schlussfolgerungen lieferten die Studie?

In der Gruppe der Asthma-Personen konnten lediglich an neun von zehn Personen die Nachuntersuchungen durchgeführt werden, da ein Proband aufgrund einer Verletzung die Studie abbrechen musste (vgl. Jöllenbeck (2016), S. 51). Auch in der Kontrollgruppe mussten zwei Personen das Ausdauertraining beenden. Die Asthma Gruppe zeigte anhand des durchgeführten Ausdauertrainings eine maximale Sauerstoffaufnahme an der anaeroben Laktatschwelle. Anhand der

Anhand der ermittelten statistischen Daten lässt sich sowohl bei der Lungenfunktionsuntersuchung, als auch bei der Blutgasanalyse, vor Beginn des Ausdauertrainings ein signifikanter Unterschied zwischen den Patienten mit und ohne Sauerstoffgabe erkennen (vgl. Würtemberger; Bastian (2001), S.556). Jedoch sind die Daten von vor und nach dem Test weitgehend gleich geblieben. Der 6-Minuten-Gehstreckentest zeigt eine signifikante Zunahme der Gehstrecke an. Auch die Durchführung des Tests

Studie konnte herausgefunden werden, dass bei den, mit Asthma betroffenen, Patienten ähnliche Trainingseffekte auftraten, wie bei der Kontrollgruppe. Aus diesem Grund ist Asthma bronchiale nicht als einschränkender Lebensfaktor gesehen, denn auch die Steigerung der Lebensqualität konnte durch die Studie positiv erwähnt werden. Desweitern konnte man feststellen, dass die Probanden mit dem zu Beginn geringsten Ausdauerniveau, die stärksten Verbesserungen durchlebt haben (vgl. Jöllenbeck (2016), S. 155).

konnte von anfänglichen weniger als 2min bei der Gruppe ohne Sauerstoffgabe (O_2-Gabe) und über 3-4min bei der Gruppe mit Sauerstoffgabe, deutlich verringert werden. Bei der Gruppe ohne O_2-Gabe ließ sich hier eine signifikante Verringerung erzielen.

Nach der Durchführung des Ausdauertrainings steigt die maximale Belastbarkeit bei beiden Gruppen an (vgl. Würtemberger; Bastian (2001), S.557). Die ohne O_2-Gabe trainierende Gruppe erreichte dabei Signifikanzniveau. Die anfänglichen Beschwerden der Atemnot ließen sich durch das Training verbessern nur bei der mit O_2-Gabe trainierenden Gruppe nicht verbessern. Zusammenfassend lässt sich anführen, dass die Trainingsform des Ausdauertrainings bei der ohne O_2-Gabe trainierende Gruppe durchaus als effektiv angesehen werden kann. Es war dadurch möglich die maximale Belastbarkeit der Patienten zu verbessern und gleichzeitig die bestehende Atemnot zu verringern, wodurch die Lebensqualität und das Wohlbefinden gesteigert werden konnten.

5   Literaturverzeichnis

Croci, S. (April 2017). *BlutdruckDaten*. Abgerufen am 15. Juni 2017 von
https://www.blutdruckdaten.de/lexikon/blutdruck-normalwerte.html

DHfPG, D. (2017). Studienbrief Trainingslehre II-Gesundheitsorientiertes
Ausdauertraining. *rev.16.020.000*. Saarbrücken, Saarbrücken, Deutschland:
Deutsche Hochschule für Prävention und Gesundheit.

Friedrich, W. (2007). *Optimales Sportwissen - Grundlagen der Sporttheorie und
Sportpraxis für die Schule*. Balingen: Spitta Verlag.

Höltke, V. (2003). *Grundlagen und Prinzipien des sportlichen Trainings*. Lüdenscheid-
Hellersen.

Jöllenbeck, K. M. (2016). Abgerufen am 18. Juni 2017 von https://freidok.uni-
freiburg.de/fedora/objects/freidok:10859/datastreams/FILE1/content

Lazik, D. (2008). *Therapeutisches Klettern*. Stuttgart: Georg Thieme Verlag KG.

Neumann, G., Pfützner, A., & Berbalk, A. (2011). *Optimiertes Ausdauertraining*.
Aachen: Meyer & Meyer Verlag.

Olivier, N., Marschall, F., & Büsch, D. (2016). *Grundlagen der Trainingswissenschaft
und -lehre*. Schorndorf: Hofmann.

Würtemberger, G., & Bastian, K. (2001). *Thieme*. Abgerufen am 19. Juni 2017 von
https://www.thieme-connect.com/products/ejournals/pdf/10.1055/s-2001-
19001.pdf

6   Tabellen- und Abkürzungsverzeichnis

6.1   Tabellenverzeichnis

6.2   Abkürzungsverzeichnis

BMI	Body-Mass-Index
DM	Dauermethode
GA	Grundlagenausdauer
Hf	Herzfrequenz
Hfmax	maximale Herzfrequenz
H&V-Test	Hollmann-Venrath-Test
IV	Intervallmethode
KFA	Körperfettanteil
LA	Lebensalter
mmHg	Millimeter Quecksilbersäule
Rekom	Rekompensation
Tab.	Tabelle